AF408721

MARIENE BELLO

Aspetti dello spagnolo parlato a Cuba

Il giardino della cultura

ISBN 9791280893192

Titolo: Aspetti dello spagnolo parlato a Cuba
Autore:Mariene Bello
Prima edizione:Marzo 2023
Editore: Il Giardino della Cultura, Via Liperoti 11, 88900 Crotone (Italia)

INDICE

Prefazione

Questo libro sorge dalla mia tesi triennale in "Studi linguistici e filologici" e dall'importanza che ha far conoscere una lingua come lo spagnolo, soprattutto la variante di spagnolo che si parla a Cuba che presenta alcuni tratti linguistici diversi da altre aree dove si parla. La lingua parlata a Cuba presenta un'ampia diversità lessicale e varietà di tutti i tipi di connotazione che la rendono più ricca ma soprattutto più difficile per coloro che cercano d'impararla.

Già alla fine del XVIII secolo si intravede la conformazione della variante nazionale cubana della lingua spagnola; in cui hanno partecipato e parteciperanno alla sua evoluzione fino ad oggi le tre componenti fondamentali della nazione: quella **europea**, quella **indoamericana** e quella **africana**. Il XVIII secolo fu un periodo importante nel processo di formazione della nazionalità e della cultura cubana. In questo secolo continuano a prevalere gli elementi delle Canarie, dell'Andalusia e dell'Estremadura e si rafforza il gallego. Questa variante cubana ha come caratteristica il *seseo* ossia la *esse* che si pronuncia sorda, non come in altri luoghi della Spagna e anche dell'America Latina che si pronuncia sonora. In generale, gli aspetti fonologici dello spagnolo, così come il seseo (*z* si pronuncia come *s*) e yeísmo (la *ll* si pronuncia principalmente come *y*), fanno parte della gamma di altri fenomeni propri del lessico cubano.

Molte sono le parole che sono nate a Cuba, legate a tutte le migrazioni che sono arrivate nei secoli precedenti e si sono acclimatate nel lessico cubano. Nella storia dello spagnolo di Cuba, l'importanza dei dialetti ispanici meridionali, in particolare delle Canarie, è senza dubbio importante. Le coincidenze tra dialetti cubani e canari sono evidenti per il grande contributo demografico delle Isole Canarie e per la somiglianza del processo di koineizzazione in entrambi i territori, in cui l'iniziale presenza demografica dell'Andalusia occidentale ha svolto un ruolo centrale nell'adozione della koine come lingua franca.

A causa del suo isolamento dal punto di vista linguistico, rispetto al resto dei paesi ispanofoni, lo spagnolo cubano subisce un processo di volgarizzazione, come conseguenza dell'intensificarsi del trasferimento di elementi del discorso popolare o marginale a quello degli strati inferiori scolarizzati. Allo stesso tempo, elementi del discorso colto e specializzato passano nel discorso comune. La lingua parlata a Cuba è ricca di *cubanismi,* cioè parole nate a Cuba è dovuto a tutta questa transculturazione e dà origine alla variante nazionale cubana.

1- I primi abitanti di Cuba

Per rendersi conto di questa piccola isola che si trova al centro del Mar dei Caraibi, dobbiamo guardare attentamente la mappa, anche se è considerata "La Chiave del Golfo" ed è l'isola più grande dell'arcipelago a cui dà il nome. Situata nel sud della Florida, con le sue coste meridionali bagnate dal Mar dei Caraibi e quelle settentrionali dal Mar Atlantico. Ha una lunghezza di circa 109.884 km ^{2} e una popolazione di oltre 11 milioni di abitanti e la sua capitale è L'Avana, in cui vivono più di due milioni di cubani.

I primi abitanti dell'isola che avevano occupato l'arcipelago, furono gli aborigeni cubani. Questi aborigeni costituiscono il gruppo che viene chiamato archeologicamente *Guayabo Blanco*, e si presume che siano stati i primi colonizzatori di Cuba perché sembrano corrispondere ai cosiddetti *Guanahatabeyes* o *Guanajatabeyes*, che erano anche chiamati *Ciboney*. Insieme a un altro gruppo arrivato nell'arcipelago dopo il I secolo d.C., chiamato dagli archeologi *Cayo Redondo*, vengono raggruppati e chiamati *Ciboneyes* o *Siboneyes* che abitavano lungo le coste e gli isolotti. Erano cacciatori, ottimi pescatori e nuotatori che preferivano l'acqua alla terra, ignoravano la ceramica e l'agricoltura e, quindi, la loro attività era predatoria. Sono stati localizzati in undici siti archeologici distribuiti dalle attuali province di Villa Clara, Cienfuegos, Sancti Spíritus, Matanzas, L'Avana e Pinar del Río. Gli ultimi invasori amerindi di Cuba, che provenivano originariamente da un ramo della grande migrazione che gli abitanti della Siberia iniziarono 23.000 anni fa verso il Nord America, attraverso l'istmo terrestre che collegava l'Asia con l'America prima della rottura che avrebbe dato origine allo Stretto di Bering, erano i cosiddetti *Taínos* che erano divisi in due gruppi *Subtaínos* e *Taínos*. Da questi nuclei asiatici trasmigranti sarebbero nate le grandi civiltà indo-americane, in stretta dipendenza dalle condizioni geografiche delle regioni in cui si erano stabilite. Questi migranti si sono diffusi attraverso la punta orientale del Cile e altri hanno proseguito la loro rotta verso est e navigando in canoa lungo il Rio delle Amazzoni hanno raggiunto l'Atlantico nella zona orientale del Venezuela. Questi gruppi furono identificati dagli antropologi con il nome di *Arahuacos* o *Aruacos* che per millenni crearono città, svilupparono civiltà e si insediarono in un nuovo habitat nel Mar dei Caraibi e dominarono la navigazione marittima con le loro imponenti canoe. Cominciarono così a occupare le isole, le Piccole Antille e le Grandi Antille, fino a raggiungere Cuba. Come hanno detto E.E. Tabío ed E. Rey, l'arrivo dei SubTaínos nell'arcipelago cubano risale, presumibilmente, all'VIII secolo d.C. e si stabilirono gradualmente nella parte orientale e centrale di Cuba. Questi erano gli indo-americani più diffusi e rappresentativi di Cuba al momento della conquista e costituivano l'80% della popolazione insulare cubana alla fine del XV secolo. Erano contadini e ceramisti, e il loro nucleo economico fondamentale aveva un carattere gentilizio con incipienti sintomi di mutamento verso la fase patriarcale. I residenti di origine *SubTaínos* sono molteplici nelle province di Guantánamo, Holguín, Santiago de Cuba e Granma, in varie località di Camagüey e Ciego de Ávila; anche in alcune località di Cienfuegos, Sancti Spíritus, Villa Clara e Matanzas. D'altra parte, nelle province dell'Avana e di Pinar del Río finora sono state trovate solo prove isolate. Le cronache nel descrivere le caratteristiche somatiche degli *indo-cubani*, non distinguono tra *SubTaíno* e *Taíno* e quindi, in generale, li additano come indiani di statura normale, dall'aspetto gradevole e dalla fronte molto ampia e appiattita. Secondo Fernándo Ortiz (1935), agli indiani vengono attribuite le qualità più contraddittorie: intelligenza e bestialità, mansuetudine cristiana e sottomissione sfrenata, sobrietà e gola, operosità e pigrizia, castità di costumi e sodomia.

Si presume che alla fine del XV secolo i *Taínos* e i *SubTaínos* non avessero alcun contatto con i pochi *Guanahatabeyes* che vivevano nelle grotte all'estremità occidentale di Cuba. I primi occupavano gran parte di Cuba ed erano socialmente divisi: *il* cacique, capo della tribù; *il bohíque*, augure e guaritore; il *nitayno*, vice capo e luogotenente agli ordini del capo; il *nabori*, membro inferiore del clan, dedito ai compiti più umili: servo, agricoltore, cacciatore, pescatore, guerriero, secondo le necessità della tribù. Era una società con caratteristiche matriarcali, poiché la famiglia ruotava intorno alla donna perché c'era un legame tra madre e figlio che era molto evidente. In questo modo l'eredità dei capi seguiva la linea femminile e il *cacicazgo* corrispondeva al figlio della sorella maggiore del cacicco morto, anche se in certi casi poteva essere di carattere collettivo o che, eccezionalmente, una donna poteva svolgere il compito di cacicazgo. La monogamia, che era generale, ma aveva la sua eccezione nel caso dei padroni; infatti, i cacicchi potevano mantenere sei o sette donne e i loro figli. La popolazione godeva di un ampio grado di libertà e la ricchezza proveniva dal lavoro dei servi chiamati *naborías*, socialmente situati al di sotto dei *Taínos*. Il numero dei figli variava da tre a cinque, che vivevano con i genitori nella casa dei nonni paterni, dove venivano educati dai genitori e dagli anziani del clan. Ciò significava che l'istruzione era tanto una responsabilità familiare quanto sociale. La nudità di uomini e donne era molto naturale, tranne quando erano coperti con perizomi o *naguas* se erano donne sposate. I rapporti sessuali pubblici, la promiscuità delle fanciulle, che era considerata un tratto di generosità, e l'omosessualità erano abbastanza comuni, tutto avveniva in un mondo di apparente placidità e innocenza. La lingua di questi gruppi *SubTaíno* e *Taíno* era *Taíno* o *Insular Aruaco*, che era imparentato con altre lingue indo-americane e coincide, con una relativa somiglianza, con i sistemi fonologici dell'Insulare Aruaco e spagnolo, in particolare il sistema vocale probabilmente era costituito da cinque vocali. Allo stesso modo, la sillaba aperta, e anche parole che terminavano in nasale, sembrano aver predominato come lo schema sillabico maggioritario CV (consonante + vocale) o VC (vocale + consonante). Anche l'abbondanza di dittonghi, trittonghi e l'esistenza di tetrattonghi. Le parole dell'Arahuco Taíno che entrarono nello spagnolo, i fonemi consonantici di questa lingua aborigena erano sistemati all'interno di modelli di pronuncia che erano paralleli o molto simili a quelli della lingua spagnola. Il lessico che si raccoglie nelle cronache della scoperta e della conquista si mantiene in parte nell'uso vivo del presente nei paesi ispanici dei Caraibi. Per questo motivo era la lingua franca della maggior parte del mondo antillano, anche se a causa di vari sviluppi regionali, occasionali prestiti linguistici e la regolare evoluzione dell'esperienza sociale, si cominciarono a percepire differenze linguistiche.

2- La storia coloniale

La cosiddetta storia o preistoria cubana precolombiana è conosciuta non solo indirettamente dalla tarda testimonianza dei conquistatori, ma anche dai dati formali dell'antropologia fisica e dall'analisi del carbonium 14. Questa tappa si concluse nel 1492, esattamente il 28 ottobre, secondo il calendario giuliano allora in uso, cioè intorno al 10 novembre, secondo il calendario gregoriano.

Il 21 ottobre 1492 Colombo si riferisce per la prima volta a Cuba con il nome di *Colba*; due giorni dopo la chiamò Cuba; un mese e mezzo dopo la chiama *Juana* in onore di *Juan*, erede dei re cattolici. Il 28 febbraio 1515 Fernándo el Católico, con un decreto reale, decise di onorarsi, assegnando all'isola il nome di Fernandina. Durante il suo primo viaggio, Colombo si spostò lungo la costa cubana nordorientale, dove entrò in contatto con gli indo-cubani di questa zona, *SubTaíno* e *Taino*, che parlavano la stessa lingua: il arahuco insular. Nel 1494, l'isola di Cuba si converte nel centro strategico dei conquistatori anche per la sua posizione geografica trovandosi sulla strada verso ovest. Nel 1500 Juan de la Casa aveva già terminato il suo famoso mappamondo che rivelava l'insularità di Cuba. E nel 1510 Pedro Martín de Anglería pubblicò la prima mappa che mostrava Cuba e le Antille, incorniciate sulle coste del continente americano. E nel suo secondo viaggio, Colombo visitò la maggior parte dell'isola, in particolare la costa cubana meridionale, dove presumibilmente vivevano i *Guanahatabeyes*, che parlavano una lingua diversa dalle lingue araucane.

In questo periodo inizia la storia coloniale di Cuba e dell'intero continente. La storia dell'umanità fu rivoluzionata quando gli spagnoli aprirono un nuovo canale per l'emigrazione europea e tutto questo movimento durò ininterrottamente per quattro secoli e con esso la dominazione coloniale. La conquista era un motivo per distruggere con la forza una comunità indigena e contemporaneamente impiantare in essa un nuovo rapporto sociale, cioè la colonizzazione; infatti, questa società era nuova anche se la maggior parte dei suoi componenti demografici erano indiani; era un nuovo modo di appropriarsi della produzione materiale e un nuovo rapporto gerarchico. Così ogni nucleo conquistato e colonizzato entrava a far parte di un sistema in continua espansione. Nel periodo dal 1514 al 1559, nel "Catalogo dei passeggeri verso le Indie", che testimonia i risultati riguardanti la popolazione peninsulare e canaria di Cuba, in base alla regione di provenienza si ha: Andalusia (37,85%), Estremadura (14,13%), León (6,78%), Galizia (1,70%), Vasconia (1,13%), Navarra (1,13%), Catalogna (1,13%), Murcia (0,56%), Asturia (0,00%), Valencia (0,00%) e Isole Baleari (0,00%). Anche gli *ebrei safarditas* parteciparono sporadicamente a questo flusso migratorio, eludendo l'Inquisizione, molti di loro emigrarono in Brasile e da lì si infiltrarono nelle colonie spagnole, fingendosi baschi o catalani. Questo è il periodo in cui i neri o i *ladinos* arrivano a Cuba, principalmente come schiavi domestici. Furono introdotti nelle Antille direttamente dall'Africa a partire dal 1517 ma già nel 1521 questo tipo d'immigrazione fu proibito.

L'emigrazione ispanica in America e Cuba durante il XVII secolo ha continuato ad avere percentuali più elevate di passeggeri meridionali, sebbene abbiamo trovato anche migranti dalla Galizia e dalle Asturie. Inoltre, la ripresa portoghese del Brasile dove circa 8.000 rifugiati e meticci arrivarono dalla Giamaica a metà del XVII secolo a causa del trasferimento del potere a vantaggio degli inglesi e dell'espulsione degli ebrei dalle colonie francesi, influenzò il discreto aumento di questi professori di ebraismo a Cuba. Sebbene, nel "Catalogo dei passeggeri delle Indie" che tra il 1509 e il 1585, sia verificato che non vi fossero passeggeri registrati di origine portoghese, non c'è dubbio che alcuni portoghesi arrivarono a Cuba come sudditi della Spagna. Si può dedurre che le numerose parole portoghesi nel discorso cubano provenissero dalla bocca di andalusi, canari e immigrati dalla penisola occidentale, perché non c'era una grande immigrazione lusitana per giustificare questo fatto linguistico.

L'emigrazione ispanica in America e Cuba era già significativa nel XVIII secolo, perché era un periodo importante nel processo di formazione della nazionalità e della cultura cubana, mentre gli elementi delle Canarie, dell'Andalusia e dell'Estremadura continuarono a essere vivi in questo secolo e il Gallego si rafforzò. Troviamo in questo periodo anche emigranti dall'antica corona d'Aragona (catalani, valenciani e aragonesi) e prevalse la variante sopra dialettale con maggior peso della parlata canaria rispetto all'andaluso. Il canarino era originariamente un'estensione dell'andaluso occidentale, durante i secoli XV-XVIII, c'era una costante influenza e predominanza nelle lingue meridionali di Cuba. Secondo Sergio Bernal (1978), la fine del XVIII secolo è il momento culminante per il popolo cubano perché una parte dei *creoli bianchi* cominciò a sentirsi cubana, non spagnola, e gradualmente furono incorporati i *mulatos* e i *creoli neri*. Era un difficile contesto discriminatorio imposto dalla società coloniale cubana che sfruttava al massimo le differenze razziali.

Diverse incursioni militari in altre isole culminarono nel 1511 con la conquista militare di Cuba. Allo stesso modo, nel secondo decennio del XVI secolo, un gruppo organizzato da Diego Velázquez occupò il paese e fondò le prime sette città: Nostra Signora dell'Assunzione di Baracoa (1511), San Salvador de Bayamo (1513), Nostra Signora della Santissima Trinità (1514), Sancti Spíritus (1514), Santa María del Puerto del Príncipe (1515), San Cristóbal de La Habana (1515) e Santiago de Cuba (1515). Queste ultime due città si trovavano alle due estremità del viaggio marittimo attraverso il sud di Cuba. E Vasco Porcallo de Figueroa fondò San Juan de los Remedios, in un luogo vicino alla costa chiamato Cayo de la Sabana. Il vescovado dell'isola si trasferì da

Baracoa a Santiago de Cuba, che avrebbe ricoperto, in questo periodo, il rango di capitale di Cuba. Qui fu costruita la cattedrale nel 1521 e il primo vescovo si apprestava a organizzare il suo prelato. In ogni villaggio, secondo la sua peculiarità, inizia un processo di koineizzazione per la diversa provenienza dei suoi abitanti che erano spagnoli e di altre regioni europee, per la presenza multietnica e multilingua degli africani e per la popolazione *arauca* autoctona ancora esistente ed anche per il prestigio urbano della capitale e dei luoghi di maggior tradizione e potere. Si raggrupparono e si moltiplicarono, attorno a questi luoghi, le mandrie e il bestiame, le piantagioni di canna da zucchero e tabacco, l'estrazione e fusione del rame, favoriti dall'industria dello zucchero e per la fortificazione dei Caraibi la costruzioni di cannoni.

La colonizzazione spagnola ebbe un carattere urbano perché per gran parte degli emigranti provenivano dalle città e quelli che provenivano dalle zone rurali, il trasferimento nelle Indie significava la possibilità di accedere alla città. Nel periodo dal 1492 al 1600 gli spagnoli in America fondarono centri urbani e questo cambiò il paesaggio di buona parte del continente. La fondazione di una città era come un atto simbolico e ci vollero molti anni per raggiungere la sua espressione urbana. Queste città avevano centri abitati misti: si aggiunsero gradualmente spagnoli di quasi tutte le regioni spagnole e aborigeni e gradualmente africani dalle più diverse etnie. Questa convivenza ha propiziato i processi di meticciato, di transculturazione e di koineizzazione mono linguistica e persino multilingue. Si pensa che queste prime città fossero essenzialmente degli accampamenti militari costruiti con materiali stabili; un municipio, una rudimentale chiesa, le case dei principali, tutto edificato intorno alla piazza e un borgo di dimensioni e disposizione variabile nei dintorni.

La conquista di Cuba aveva due obiettivi: sfruttare le riserve di materiali preziosi e trasformare l'isola nel passaggio verso le nuove terre promesse dell'Occidente. Il sistema di lavoro imposto era la violenza per sottomettere gli *indios* a una massa produttiva al servizio dei conquistatori e questo ricevette il nome di *encomiendas*. Le *encomiendas* iniziano nel secondo decennio del XVI secolo, consisteva nell'assegnazione di *indios* ai coloni spagnoli, gli *encomenderos* venivano selezionati per ricevere tributi e manodopera. Gli *encomenderos* sfruttavano gli indios al massimo nel minor tempo possibile senza interessarsi che si ammalassero o morissero, perché gli *indios* erano un bene facilmente sostituibili da altri *indios*. In molti luoghi il ciclo dei raccolti fu interrotto e gli indiani furono mandati a cercare e lavare l'oro. Tutto questo eccessivo sfruttamento provocava scoraggiamento, alienazione e disastri, inoltre si sono susseguiti aborti provocati, infanticidi e suicidi, a volte collettivi. Molte delle malattie furono portate in America, prima dai conquistadores e poi dagli schiavi africani. Le malattie che affliggevano l'Europa, in particolare il vaiolo, la malaria, il morbillo, il tifo e l'influenza, raggiungono il Nuovo Mondo e trovano ospiti privi d'immunità. Successivamente, l'Africa ha portato le sue infezioni tropicali, come la febbre gialla, nelle pianure d'America. Perciò sugli *indios* cubani si abbatte successivamente e anche simultaneamente: varicella, pertosse, parotite, accompagnate dagli agenti patogeni della malaria maligna, della febbre gialla e di altri morbi africani. Tutte queste malattie hanno causato la scomparsa degli aborigeni, che sono rimasti solo nella regione orientale di Cuba. Una parte della popolazione aborigena era destinata a lavorare nella ricerca dell'oro e l'altra parte nell'agricoltura di sussistenza. Questo primo periodo fu caratterizzato dalla ricerca di un giacimento aureo, la cui produzione si concentrò tra il 1512 e il 1542. Nella seconda metà del secolo i bacini d'oro quasi scomparvero, l'esaurimento dei giacimenti andò di pari passo con il rapido declino della popolazione indigena e l'ingresso degli schiavi africani. Parimenti iniziò lentamente lo sfruttamento del rame che diede vita, alla fine del secolo, ad una delle prime industrie isolane: la fonderia di cannoni.

Intorno al 1519, *San Cristóbal de la Habana* si era trasferita sulla costa settentrionale nel vecchio porto di *Carenas* per l'ottima posizione di questo porto che, attraverso la corrente del Golfo, permetteva la comunicazione dell'America con l'Europa l'America con l'Europa. Fino alla fine del XVI secolo, la vita all'Avana si svolgeva come in una grande caserma, popolata di soldati e marinai, la cui attività economica era incentrata sulla costruzione di fortezze, costruzione e riparazione di navi. Nella seconda metà del secolo, L'Avana acquisì la supremazia rispetto alle altre città cubane perché divenne il punto cardine nell'organizzazione delle flotte che, cariche di ricchezze, viaggiavano periodicamente dall'America alla Spagna. In questo periodo iniziò una lenta ripresa della popolazione in tutti i paesi, aumentò l'allevamento del bestiame, lo sfruttamento del rame per scopi bellici, la concia delle pelli per il commercio illegale. Allo stesso modo, la popolazione aborigena continua il suo declino, ad eccezione di gruppi molto localizzati, come quello che si può vedere oggi nell'attuale provincia di Guantánamo, culturalmente mista e linguisticamente assimilata al resto della popolazione cubana e in via di estinzione. Aumenta l'introduzione di gruppi dell'Africa subsahariana e la componente nera diventa un elemento fondamentale. Alla fine del secolo, l'Avana supera Santiago de Cuba, che aveva cessato di essere il centro dell'amministrazione coloniale intorno al 1553, però Bayamo, Puerto Príncipe e Sancti Spíritus godevano di magnifiche condizioni di allevamento.

I primi coloni europei non erano disposti a svolgere il duro lavoro manuale che richiedeva l'estrazione di ricchezza e cibo dalle terre quasi vergini appena scoperte e sottoponevano gli indiani a svolgere questi duri lavori. Per quasi quattro secoli, centinaia di migliaia di africani furono costretti a lasciare i loro luoghi di origine, gli abitanti d'intere regioni scomparvero completamente, coinvolti nel vortice della rapina degli schiavi. La schiavitù in America era un'istituzione ereditata dalla Spagna e continuata nella penisola iberica fino al momento della scoperta. Conosciuta fin dall'epoca romana e rafforzata nel Medioevo dalle continue guerre con gli arabi, mantenuta tra XII e XV secolo attraverso il commercio con gli italiani che possedevano il mercato degli schiavi del Mar Nero e dai portoghesi che controllavano la tratta degli schiavi sulle coste atlantiche dell'Africa. Gli schiavi furono portati a Lisbona e da lì furono trasportati su navi a Siviglia, Cadice, Huelva e Valencia. I primi neri ad entrare a Cuba furono *ladinos* di lingua spagnola provenienti dalla Spagna. L'origine degli schiavi africani variava a seconda dei tempi, nel XVI secolo provenivano dalla Senegambia, dalla Guinea o dalla foce del Congo. *I Fulbes*, che in origine era un popolo nomade sparso in tutto il Sudan occidentale, dal Senegal al Camerun, furono introdotti a Cuba con nomi diversi, furono chiamati *Mandingas Fulaces, Mandingas Fula o Fulas*, e avevano ricevuto una forte influenza araba e portarono con loro credenze musulmane. I *Congo* cubani provenivano dalla regione a volte chiamata Bassa Guinea nel nord del Congo e dell'Angola, in particolare, dall'area tra il Camerun meridionale e i confini meridionali dell'Angola. L'introduzione di schiavi a Cuba durante il XVI secolo fu ridotta dalle precarie circostanze di un'economia di sussistenza. Da un lato troviamo i neri liberi dalla nascita; dall'altra gli *horros libertos* che erano neri liberi che potevano comprare la loro libertà e infine gli schiavi neri C'erano poi i ladinos che provenivano principalmente dalla Spagna ed erano acculturati e di lingua spagnola e i *bozales* di origine africana con una conoscenza incompleta della lingua spagnola. Il cosiddetto *curro nero*, dai modi e dal linguaggio stravaganti che è sopravvissuto nella società cubana fino al XIX secolo. Dall'incrocio del bianco con il nero nacque il *mulato* e dall'unione del nero con l'indiano nacque lo *zambo*, nelle Antille si mescolarono rapidamente e furono adsorbiti dalla restante popolazione. La parola *mulato* significa mulo, perché erano persone forti e resistenti per il lavoro. I proprietari nella maggior parte dei casi ritenevano che il possesso di uno schiavo desse loro il diritto al loro uso sessuale e né i mulatti né i neri erano accettati tra i bianchi. Questi neri svolgevano i lavori agricoli più duri e facevano anche il servizio domestico, vivevano con gli aborigeni e si mescolavano, alcuni erano addestrati alle attività artigianali. Le donne nere o di razza mista hanno trasmesso la loro cultura e religione perché molte dovevano allattare e prendersi cura dei bambini nati in famiglie di origine europea. Hanno conservato la musica, la danza e le loro canzoni popolari come tradizione orale tra gli esuli. Da lì nascono i *cabildos*, le società segrete dei culti afrocubani come forma di acculturazione e transculturazione. Scomparvero le lingue portate dagli africani e rimase qualche traccia lessicale in alcuni riti religiosi magici e nel parlato in generale, tutti a favore dell'uso della *koiné.* Dal loro arrivo a Cuba, hanno dovuto usare lo spagnolo per le loro urgenti necessità di comunicazione, così che la lingua degli schiavisti, poco appresa è diventata la lingua *franca.* Veniva acquisita dagli schiavi nati a Cuba o da coloro che vi erano arrivati fin dalla tenera età. I nati in Africa non raggiungevano quasi mai un'adeguata competenza linguistica, e venivano chiamati *bozales*, sia loro stessi che la lingua parlata.

Le lingue creole americane non derivano da tante lingue di base europee ma da un unico *pidgin*, una teoria monogenetica parlata dalla metà del XVI secolo sulle coste dell'Africa occidentale. E questa teoria monogenetica del linguaggio creolo è arrivata attraverso la mediazione degli schiavi africani in alcune zone dell'America con una modalità creola più o meno sviluppata basata sul portoghese; infatti, lo spagnolo colloquiale serviva come base per la lingua franca, che era il mezzo di comunicazione tra gli schiavi africani ed era chiamata *bozal.* Era un castigliano sfigurato, spezzato, senza concordanza, ne numero, nemmeno declinazione o coniugazione; senza *r* forte, senza *s* o *d* finale, spesso troncate, inoltre si cambiava la *ll* per *ñ*, la *e* per *i*, la *g* per *v*; era un gergo.

3- Breve storia della letteratura cubana

La storia della letteratura cubana contempla la forma e vita del popolo; quindi, gli scrittori nati a Cuba hanno saputo prendere questa espressione dal popolo. Piano piano, gli scrittori cubani hanno rispecchiato nelle loro opere la realtà politico-sociale e umana che era molto diversa da quella della Spagna. Dunque, per la peculiarità della lingua che si parlava in America Latina, e soprattutto a Cuba, sorsero delle opinioni contrastanti, infatti per molti critici e storici della letteratura di Spagna e di America, era impossibile l'esistenza di una letteratura indipendente nelle colonie spagnole, ma la lingua era sempre lo spagnolo che poteva escludere e anche fissare frontiere. Sorse il dubbio rispetto alla letteratura cubana, quindi non si sapeva se inserirla negli studi generali della storia e della letteratura spagnola o considerarla indipendente. Nel prologo dell'opera di Aurelio Mitjans "Estudios sobre el movimiento científico y literario de Cuba" (1890), Rafael Montoro (1852-1933) si dichiarava d'accordo con la seguente tesi:

No es una historia de literatura cubana (la obra de Mitjans) ni podría serlo; porque no tenemos, ni es posible que tengamos literatura propia y determinada, cuando no la tiene ningún otro pueblo de América, sin exceptuar, propiamente hablando, a los Estados Unidos.

Non è la storia della letteratura cubana (l'opera di Mitjans), né potrà esserlo, perché non si ha, ne sarà possibile avere una propria e determinata letteratura, quando nessun altro popolo dell'America ce l'ha, tranne, propriamente parlando, gli Stati Uniti.

Montoro non era d'accordo che ci fosse una letteratura vera e propria nell'America Latina e nemmeno a Cuba, quindi secondo la sua ipotesi, le opere scritte non avevano un valore letterario. L'unico luogo dove la letteratura si era affermata era negli Stati Uniti; perciò, il resto dell'America Latina non possedeva una letteratura vera e propria.

É di opinione contraria lo scrittore e critico argentino Juan María Gutiérrez (1809-1878), egli riteneva che le opere letterarie scritte in Latino-americano dovessero essere parte della nuovo ramo della letteratura spagnola. Questo problema preoccupò molto anche gli scrittori cubani come Domingo Delmonte (1804-1853), che nel suo saggio *"Carácteres de la literatura española"* commentava:

Otros países aunque no forman comunión política con España, no dejan de ser españoles, y lo serán por decreto irrevocable de su destino mientras hablen la lengua castellana.

Altri paesi, anche se non sono in comunione politica con la Spagna, non cessano di essere spagnoli, e lo saranno per decreto irrevocabile del loro destino finché parleranno la lingua castigliana.

Delmonte era convinto che la lingua poteva unire i popoli, non la politica.   Le sue dichiarazioni dimostrano la fierezza delle sue convinzioni e del suo carattere identitario, cioè la lingua. Infatti, i popoli ispano-parlanti avevano come madrelingua lo spagnolo, ma erano situati geograficamente molto distanti ed era l'oceano soltanto a dividerli, comunque erano sempre spagnoli. In questo processo di dibattito sulla lingua e sulla letteratura cubana e Latino-americana rispetto a quella della Spagna, sorge proprio la letteratura cubana.

Secondo gli studi realizzati dal prof. Raimondo Lazo ci sono dei periodi che variano secondo l'anno e i fatti, quindi divide i periodi in sottoperiodi:

Il primo periodo incomincia nel 1492, con la scoperta dell'America, fino al 1790, data in cui si proclama la trasformazione da fattoria a colonia nell'epoca del governo progressista di Don Luis de Las Casa. Nel frattempo, si forma un sottoperiodo che inizia dal 1510 fino al 1700 con Diego Velásquez che organizza la conquista di Cuba. In questo intervallo di tempo è presente il poema epico "Espejo de Paciencia" del 1608, e l'autore è Silvestre de Balboa.

Il secondo sottoperiodo risale approssimativamente al 1700 e si chiude nel 1790, allora nasce, nel 1769, la fondazione del Seminario San Ambrosio che più tardi fu chiamato San Carlos, sorse anche il San Basilio nel 1722 in Santiago de Cuba e per ultimo la Università della Habana nel 1728.

Il secondo periodo di trasformazione inizia nel 1790 e finisce nel 1868, dunque, gli argomenti trattati erano di ordine economico e sociali, critico-filosofici e temi relazionati con la medicina e la filantropia. Dal 1820 al 1843, inizia l'opera poetica di José Maria Heredia, di Jertrudis Gómes de Avellaneda, e le prime opere narrative e di costume di Cirilo Villaverde.

José Antonio Saco dà luce alle prime riforme politiche, economiche e sociali, e soprattutto, sorsero le prime riforme nell' insegnamento da parte di José de la Luz y Caballero.

Dal 1843 al 1868, si inizia un sottoperiodo con la lirica di Juan Clemente Zenea, Rafael Maria Mendive e Luisa Pérez de Zambrano che fanno parte del nucleo della seconda promozione romantica. Inizia anche la tendenza siboneyistica, cioè l'indigeno precolombiano che era presente a Cuba, e questa tendenza inizia con José Fornaris, chiamato *"Cucalambé"* che cerca l'identità cubana nelle tradizioni indigene. Per ultimo, incontriamo il periodo di consolidazione che si avvia nel 1868 fino ad oggi, diviso in sottoperiodi, dal 1868 al 1878 inizia la guerra separatista, luce di abbondanti opere di spatrio come le oratorie accademiche e politiche e, soprattutto, inizia il giornalismo.

Dal 1878 al 1908 con la fine della guerra arriva una fase di grande attività culturale e letteraria, inoltre si fondano grandi riviste come la "Revista de Cuba" e la "Revista cubana" Enrique José Varona che offriva i suoi corsi filosofici. Nel fratempo, "Manuel Sanguily che era un militare, ma anche un giornalista, pubblica "Hojas literarias". In seguito, nasce anche la poesia postmodernista del grande Julián del Casal e la poesia e prosa di José Martí. Nel 1902 quando Cuba si indipendizza politicamente dalla Spagna nasce una letteratura cubana differente da quella spagnola, cioè si osservano delle differenze linguistiche fra le persone nate in America Latina e quelle nate in Spagna. La realtà era molto insolita a Cuba perché sorse un uomo molto particolare chiamato *"criollo"*, e questo termine è usato per la prima volta nella "Historia Natural y Moral de las Indias" verso la fine del secolo XVI da padre José de Acosta che si riferisce alla parola *"criollo"* con la seguente frase:

"Como allá llaman a los nacidos de españoles con indios".

Quelli che erano nati a Cuba, ed erano figli di spagnoli con le persone del luogo, gli indios.

Anche Garsilaso della Vega, che era un uomo meticcio, quindi nato da una donna indiana e un uomo spagnolo, affermava nei suoi "Comentarios Reales":

"Los españoles han introducido este nombre en su lenguaje para nombrar los nacidos allá".

Gli spagnoli hanno introdotto questo nome nel loro linguaggio per nominare i nati là.

I nati là erano quelli nati a Cuba che avevano questa peculiarità, cioè figli di spagnoli con donne del posto che dava luogo a una particolare colorazione meticcia della pelle. Anche questo ha avuto ripercussione nella letteratura, ha portato gli scrittori a parlare nelle loro opere della vita dei cubani, quindi a riflettere la quotidianità. Nella letteratura questo termine è apparso per la prima volta nel poema epico "Espejo de Paciencia" del 1608 il cui autore era Silvestre de Balboa. La parola *"criollo"* rimane come identità nazionale e autoctona dei cubani, soprattutto perché permise la formazione di una nuova letteratura con caratteristiche differenti a quella peninsulare. Nel XIX secolo, le opere letterarie prodotte a Cuba costituiscono uno strumento per raggiungere l'emancipazione politica e, soprattutto, come strumento di affermazione nazionale culturale e sociale.

4- Origine della lingua franca

La storia dello spagnolo parlato a Cuba inizia con l'insediamento dei primi nuclei di peninsulari in terra cubana. Iniziò un periodo di acculturazione e interferenza linguistica tra i conquistatori e gli indo-cubani. I colonizzatori spagnoli portarono con sé i loro usi e costumi e vi si stabilirono principalmente immigrati dalle Isole Canarie, Galizia, Catalogna e Andalusia; che non parlavano spagnolo. Hanno imposto la loro lingua con le peculiarità dialettali che la caratterizzavano e questa diversità linguistica della penisola iberica si è trasferita a Cuba dove ha influenzato il processo di formazione dello spagnolo. Si sono create relazioni socioeconomiche tra sfruttatori e sfruttati, cioè tra gli emigranti e le persone che vivevano a Cuba. Gli spagnoli impararono a riconoscere e ad usare la lingua degli aborigeni *l'aruaco insular*. Quasi tutti i coloni delle Indie Occidentali provenivano da quelle zone dove l'occupazione musulmana della penisola durò più a lungo e usavano molti arabismi nella lingua che parlavano. Questi arabismi inizialmente erano una risorsa ampiamente utilizzata per descrivere la nuova realtà americana e con il contatto tra indo-antillesi ed europei, successivamente gli arabismi iniziarono a finire gradualmente e diedero origine agli indoamericanismi.

Tutta l'immigrazione di schiavi che arrivarono a Cuba nel XVI secolo, furono costretti a usare lo spagnolo come lingua franca, ma continuarono a usare la lingua madre, che acquisì un carattere sacro durante le attività religiose. A causa di queste pratiche, molte voci di origine sub-sahariana vengono inserite nel discorso cubano. La lingua *Abakúa* era profondamente radicata nei seguaci della setta e nel resto della popolazione più umile. La *santeria,* che è una religione che pratica il culto dell'*orisha*, nome dato alle divinità africane, era la più diffusa a Cuba e fu quella che esercitò la maggiore influenza sul linguaggio popolare della società. Termini di origine africana ma privi di connotazione religiosa come: *ñame, lombó, guagüí*, sono giunti ad oggi grazie agli appunti contenuti nei quaderni dove si raccoglievano preghiere e canti tipici.

A partire dal 1791, avvennero le prime migrazioni haitiane verso il territorio orientale di Cuba perché gli schiavi che vivevano nel nord di Haiti (Saint-Dominique) si ribellarono contro i coloni francesi e questo provocò un movimento migratorio verso Cuba. I proprietari terrieri francesi arrivarono con i loro fidati schiavi e si stabilirono nelle zone orientali. L'influenza della lingua francese nel lessico cominciò a farsi sentire, ciò si rifletteva nel vocabolario di questa zona occidentale con parole come: *balance, balanzual, roti* (coscia di maiale). A partire dal 1818, centinaia di navi battenti bandiera degli Stati Uniti, Gran Bretagna, Francia, Portogallo, Paesi Bassi e Russia, nonché degli Stati anseatici e italiani, iniziarono ad arrivare all'Avana e in altri porti cubani. Con tutto questo mix si intendeva favorire la popolazione bianca e contrastare il peso acquisito dagli abitanti di origine africana.

La città di Cienfuegos fu fondata nel 1819 dove arrivarono 123 coloni da Bordeaux e si unirono altri 232 fondatori dagli Stati Uniti, Saint Domingue, Irlanda, Spagna, Germania, Portogallo e Belgio. E nel 1847 iniziò a presentarsi un altro gruppo, erano i *culíes cinesi*, il cui numero sarebbe salito a 140.000 e avrebbero partecipato alle guerre di indipendenza e sarebbero stati uno dei componenti dell'incrocio culturale cubano. Nel XIX secolo le relazioni tra Cuba e gli Stati Uniti si consolidarono, nel frattempo le navi americane frequentavano il porto dell'Avana e Nuevitas perché costituivano il grande attracco dello zucchero cubano. Arrivano a Cuba i lavoratori giamaicani che si sono stabiliti principalmente nella regione orientale e sulla Isla de Pinos.

In questo modo gli anglicismi penetrano nello spagnolo di Cuba. Ciò che predominava nel discorso di molti dei colonizzatori erano le caratteristiche delle modalità meridionali, fondamentalmente quella andalusa dove troviamo: *yeísmo, seseo, aspirazione o elisione della lsl implosiva, scambio di lrl e lll, maggiore distensione dei suoni intervocalici e delle consonanti finali di parola, aspirazione della h- dalla f- latina,* tra gli altri fenomeni di pronuncia, nonché maggiore uso di meridionalismi lessicali (*occidentalismi, gitanismos, arabismi, marinerismos, mozarabico, andaluso, entremeñismo e canarismos*).

Il XVIII secolo fu un periodo importante nel processo di formazione della nazionalità e della cultura cubana. In questo secolo continuano a prevalere gli elementi delle Canarie, dell'Andalusia e dell'Estremadura e si rafforza il gallego. Il canarino era originariamente un'estensione dell'andaluso occidentale. Intanto durante i secoli XV-XVIII ci fu un'influenza costante e predominante delle lingue meridionali a Cuba.

5- La koineizzazione e le sue fasi

Alla fine del XVIII secolo si intravede già la conformazione della variante nazionale cubana della lingua spagnola, le tre componenti fondamentali partecipano alla sua piena evoluzione fino al presente.

L'**europeo:** che è rappresentato fondamentalmente dagli ispanici con maggior peso da andalusi occidentali fino alla metà del XVII secolo e delle Canarie dalla seconda metà del XVII secolo e fino al primo quarto del XX secolo; seguiti da galiziani, asturiani e catalani in epoche tarde. Poi abbiamo **l'indo-americano:** rappresentato essenzialmente dal lessico ereditato dagli aborigeni più quello incorporato da altre lingue amerindie. Infine, abbiamo **l'Africano:** sostanzialmente rappresentato dalle lingue parlate nelle regioni dagli attuali Stati di Nigeria, Benin, Congo, Angola e Zaire.

Secondo Luis Roberto Choy López (1999), le fasi della storia della lingua spagnola a Cuba sono suddivise in periodi e sottoperiodi con date approssimative:

La koineizzazione: l'ascesa dal 1492 al 1599 e la stabilizzazione dal 1600 al 1762.

La Standardizzazione: africanizzazione - dal 1763 al 1867 e spagnolizzazione - dal 1868 al 1898.

L'Indipendenza: identificazione dal 1899 al 1958 e omogeneizzazione dal 1959 al 1998.

La rapida hispanización dei neri, incapaci di esprimersi nelle loro varie lingue madri e costretti dalle circostanze a usare lo spagnolo Koinè come unico mezzo di comunicazione. L'intero processo di acculturazione ha reso possibile la koinè emersa nel XVI secolo, a questo punto raggiunse il suo consolidamento durante il XVII secolo e gran parte del XVIII. La relativa stabilità demografica influì sulla lingua e ne fissò i tratti più caratteristici. Il XVI secolo, che fu la fase iniziale, instabile ed eterogeneo, ha ricevuto il nome di ciclo *minero-encomendero*. Molto instabile a causa dell'abbandono di molti dei suoi coloni europei che avevano sete di conquista, della diminuzione della popolazione aborigena e dell'ingresso degli schiavi. La fase successiva fu quella di maggiore stabilità demografica, consolidata nel 1561 dalla creazione del sistema della flotta navale, dalla tipografia che arrivò a Cuba nel 1707 e con essa la circolazione dei libri che viaggiavano nelle mani di ufficiali, soldati, mercanti, insegnanti. Tutto questo ha contribuito a un ideale idiomatico colto.

Nel XVII e all'inizio del XVIII secolo l'oligarchia creola sentì il bisogno di prepararsi con una solida formazione che le permettesse di scalare posizioni politiche e intellettuali a Cuba, in America e in Spagna; infatti, dal XVIII secolo c'è uno sviluppo economico della società creola. La borghesia comincia a nascere e realizza i suoi scopi con la presa dell'Avana da parte degli inglesi nel 1762 e conosce i vantaggi del libero scambio. Alla fine di questo periodo, la koinè cubana si era stabilizzata e presentava le sue caratteristiche fondamentali quali: omissione e perdita di Isl postnucleare, confusione di liquide postnucleari, lambdacismo, rotacismo, vocalizzazione o assimilazione in contatto regressivo, lenizione di Idl intervocalica, *seseo* e *yeísmo*.

La continua comunicazione marittima con i porti della Spagna meridionale e la crescente emigrazione dalle Canarie, getteranno le basi del processo di *vernacularización*, motivato principalmente dalla crescente presenza delle Canarie e ciò provoca un rafforzamento dei tratti semplificati della koinè cubana, è questo il periodo in cui la variazione diatopica e diastratica si inizia a stabilire nel paese. Nel XVIII secolo si affermò l'uso della lingua spagnola al posto del latino negli stati superiori e nelle scienze. Appaiono grammatiche scolastiche scritte da cubani e l'Università dell'Avana era già stata fondata. Nel 1795 furono lette le prime memorie riferite allo spagnolo parlato a Cuba. Tutto coincide con il cambiamento dell'economia cubana verso la produzione di zucchero, basata sulle piantagioni e con essa la necessità di manodopera schiava.

Le cosiddette scuole amiche furono istituite nei quartieri dell'Avana e gli insegnanti erano *negras horras* o mulatti liberi che univano bambini bianchi e neri nelle loro classi rudimentali. Secondo G. De Granda (1994), il parlato cubano perde in questo momento tratti così divergenti dallo standard castigliano, come la vocalizzazione di l-rl- l-ll sebbene sia ancora possibile trovare resti isolati in località dominicane e portoricane, altri come l'aspirazione o la perdita di l-sl, il mantenimento di h- (<f-latino), il rilassamento di lxl, l'indebolimento di ldl intervocalica. Per G. De Granda è evidente l'esistenza, fin dall'arrivo dei primi africani, di un codice creolo, che ha sostituito, in maniera esclusiva o comunque dominante, le loro parlate africane originarie e che si è evoluto verso lo spagnolo **substandard** di certe aree ispano-americane attraverso un continuum post-creolo in cui, progressivamente, il basiletto creolo si è trasformato, per ristrutturazione e riclassificazione verso lo spagnolo, in un mesoletto e, infine, nell'attuale acroletto.

Lo spagnolo era la lingua di prestigio e gli schiavi aspiravano a migliorare il loro status padroneggiando lo spagnolo locale senza traccia di un recente legame con l'Africa. Cuba era la destinazione preferita durante l'era coloniale per l'emigrazione delle Canarie e molto speciale nella fase chiamata **africanizzazione**. Le persone che arrivavano dalle Isole Canarie, infatti costituivano un gruppo molto importante, nel 1862 formavano il 42% dell'intera popolazione spagnola che viveva a Cuba. Vi fu il contatto con la lingua delle Canarie, attraverso l'emigrazione costante e, in misura minore in questo periodo, con le lingue spagnole meridionali, tra cui la lingua delle Canarie. Grazie ai collegamenti portuali, coincise con questo periodo di **standardizzazione,** un processo di **vernacularizzazione,** attraverso il quale si consolidarono i tratti semplificati della koinè.330, caratterizzato dagli immigrati delle Canarie che erano portatori di lingue koineizzate in segmenti temporali relativamente vicini alle Antille e provenienti dal periodo precedente.

Già alla fine del XVIII secolo si intravede la conformazione della variante nazionale cubana della lingua spagnola; a cui hanno partecipato e parteciperanno alla sua evoluzione fino a oggi le tre componenti fondamentali della nazione: quella **europea**, quella **indoamericana** e quella **africana**.

6- Caratteristiche diatopiche dello spagnolo rurale

Gli usi della lingua si manifestano nelle differenze regionali, sessuali e generazionali; quindi, un uomo dell'Avana e un uomo di Santiago non si esprimono allo stesso modo, come un cittadino e un contadino, come un uomo e una donna, come un giovane e un vecchio. Lo spagnolo cubano costituisce una variante nazionale del diasistema linguistico spagnolo e ha acquisito un'autonomia riconosciuta entro i limiti della nazione cubana. Dopo il 1959 iniziò una politica d'integrazione linguistica, volta a diffondere la lingua scritta colta e a ridurre l'isolamento territoriale e ad appianare le differenze linguistiche regionali. Si impose la necessità di studiare lo spagnolo cubano da una prospettiva non solo diastratica e diafasica ma anche diatopica.

Tra le caratteristiche foniche più marcate dello spagnolo cubano troviamo la pronuncia di *s* come *j*, una parola come *casco* si pronuncia *cajco*. Questo fenomeno, pur essendo presente su tutto il territorio nazionale, dove si manifesta maggiormente nella parte orientale del Paese. Quindi la *n* finale non suona come negli altri paesi, non è dentale ma velare, cioè si esegue con il palato molle, producendo un suono più aperto. Spesso durante la pronuncia di alcune consonanti all'interno della parola, sono simili alle seguenti: *salvo* si pronuncia *savvo* e *carne, canne*. C'è anche uno scambio tra la *l* e la *r* così che *amor* è pronunciato *amol*.

Studi effettuati da Luis Roberto Choy in sedici città del paese, infatti individuano la divisione geolettale del territorio nazionale e stabilisce cinque zone dialettali:

Zona I (occidentale): Pinar del Río, L'Avana, Matanzas, Cienfuegos e Trinidad.

Zona II (centrale): Santa Clara, Sancti Spíritu e Ciego de Ávila.

Zona III (centro-orientale): Camagüey, Las Tunas, Holguín, Matanzas e Bayamo.

Zona IV (sud-est): Santiago de Cuba e Guantanamo.

Zona V (estremo orientale): Baracoa.

Nei suoi studi ha verificato che la parlata rurale di Cuba si caratterizza per il suo carattere unitario, data la presenza di questa peculiarità linguistiche per lo più comuni a tutto il territorio nazionale. Appartiene alla modalità regionale dello spagnolo delle Antille, in particolare del continente americano. La variabilità, all'interno di questa unità che permette di distinguere cinque zone o aree geolettiche e questa zonizzazione geolettale si basa, fondamentalmente, sulla variazione fonetica evidenziata nell'analisi frequenziale dei fenomeni alveolari distensivi: *Isl, Irl, Ill* attraverso il postnucleare Tra le caratteristiche più importanti della zona occidentale vi sono le assimilazioni regressive per contatto delle liquide postnucleari, attenuate nella zona centrale, e quasi impercettibili nelle zone centrorientali ed estremo orientali, sostituite da forte *lamdacismo* nella zona sudorientale. L'aspirazione di *Irl* prima di *Inl* e *Ill* è percepito in tutte le aree, con eccezione del sudest e dell'estremo oriente, dove, al contrario, le percentuali di omissioni di *I sI* sono i più alti del paese.

L'allofonia del fonema *Isl* distensivo è stato riconosciuto sia in posizione interna che in posizione finale, ma soprattutto in posizione finale:

[s] sibilante: [lús], [káspa]

[h] aspirato: [cíhpa]

[Ø] eliso: [tóØ], [reØbalar]

[A] assimilato: [mókka]

[r] vibrante: [írla]

[l] lato: [delnudo]

Secondo le statistiche, la variante predominante nel discorso rurale cubano è *l'elisione*, specialmente nella posizione finale, e l'*aspirazione* prevale nella posizione interna: [maéhtro] e [dehkálso]. La sibilante ha raggiunto valori minoritari nella posizione finale di parola: [bós] e [krús]. Nel discorso rurale di Cuba il fonema /s/ partecipa attivamente, il distensivo s>h>Ø è presente in due stadi: elisione e aspirazione. Il fonema sibilante si divide in due grandi gruppi: il primo si caratterizza per essere più conservativo nella ritenzione della variabile e comprende le zone I, II, III, e il secondo si distingue per raggiungere un'elevata percentuale di omissione, comprende le zone IV e V.

L'allofonia del fonema /r/ distensivo a livello nazionale, si manifesta con una realizzazione in entrambe le posizioni: interiore e finale, e si manifesta nel registro delle seguenti varianti allofoniche:

[r] vibrante: [bírhen]

[l] lato: [salíl]

[A] assimilato: [yébba]

[d] esplosiva sonora: [bebéd]

[Ø] eliso: [muhéØ]

[h] aspirato: [hohnáda]

[n] nasale: [komén]

Secondo la diatopia, nelle zone II, III e V si registrano i più alti indici di conservazione della vibrante, soprattutto nella zona V. La zona IV è caratterizzata dalla produzione di un maggior numero di lateralizzazioni. La zona I si distingue per l'ottenimento di lateralizzazioni e assimilazioni e tutti gli allofoni di *lrl* acquistano una relativa importanza.

Il fonema distensivo *lll* presentava quasi la stessa diversità allofonica della consonante vibrante:

[l] lato: [mál]

[d] occlusione sonora: [kodcón], [dehkádso]

[r] vibrante: [mier], [ensártar]

[A] assimilata: [soddádo], [sibbár]

[n] nasale: [mán], [mjén]

[Ø] elidida: [siØbár]

Nel comportamento diatopico, dove troviamo il prestigio più alto nella zona V e il più basso nella zona I; nella zona II si manifesta un'allofonia più discreta in cui lo scambio di *[r]* per *[l]* acquista significato e si verifica più regolarmente in questa zona, anche la realizzazione dell'allofono esplosivo sonoro. In zona IV si distingue per la produzione di lateralizzazioni di *[r]*. E nella variante allofonica di *lll* è caratterizzata dalla partecipazione al processo di assimilazione, nasalizzazione e occlusione sonora di *lll* e per la conservazione del fonema *lll* con un'alta percentuale. I tre fonemi alveolari distensivi: *lsl*, *lrl*, *lll*, sono i fonemi liquidi maggiormente conservati nella distensione sillabica, hanno una maggiore ricchezza allofonica distensiva e presentano un numero predominante di elisioni. In generale, gli aspetti fonologici dello spagnolo, così come il seseo (*z* si pronuncia come *s*) e yeísmo (la *ll* si pronuncia principalmente come *y*); infatti troviamo nei tratti morfosintattici la scomparsa di *vosotros* come seconda persona plurale, e compare il *voseo*. All'Avana, le */p, t, k/* intervocaliche sono sonore in alcune occasioni, */rr/* è solitamente desonorizzata, sebbene sia una variante stigmatizzata nella morfologia. Oggi l'uso di *tú* e delle sue forme verbali corrispondenti è stato esteso agli usi in cui, in altri dialetti dello spagnolo si utilizzerebbe *usted.*

Le radici che terminano in */t/* o */d/* hanno i diminutivi in *-ico.* I derivati dei toponimi si formano sempre in *-ero: guantanamero, santiaguero, habanero.*

L'area più innovativa è l'Ovest, dove troviamo la Città dell'Avana che irradia la norma linguistica al resto del paese; mentre le province di Camagüey, Las Tunas e Holguín sono quelle di maggior prestigio linguistico tra i cubani e presentano caratteristiche più conservatrici dal punto di vista lessicale e fonetico.

7- Il castigliano e le sue origini

Il castigliano è oggi la lingua romanza più parlata nel mondo, è parlato in quasi tutta la penisola iberica, negli Stati Uniti sudoccidentali, in Messico, in America centrale e in Sud America, ad eccezione del Brasile e di un gruppo minoritario di parlanti nelle Filippine. La base dello spagnolo è il latino volgare, propagatosi in Spagna dalla fine del III secolo a.C., e prevalse sulle lingue iberiche. Un altro elemento conforme del lessico in spagnolo è il greco, perché sulle coste mediterranee ci fu una colonizzazione greca a partire dal VII secolo a.C., e molte voci elleniche sono entrate nello spagnolo secondo i momenti storici. Le origini risalgono a molti secoli prima della nostra era, si pensa che i primi abitanti di quella che oggi è la Penisola Iberica (Spagna e Portogallo) si stabilirono sulle pendici dei Pirenei (catena montuosa tra Francia e Spagna) e parlassero una lingua che sopravvive nella lingua vasca (Vasconia). Gli Iberi si stabilirono sulla costa di Levante, dal cui nome la penisola prese il proprio nome e si pensa che la loro cultura provenisse dalle coste africane. Le invasioni germaniche, che condussero vari popoli germanici ad attraversare la penisola tra cui i Visigoti che si stabilirono in tutto il paese tranne che nei Paesi Baschi e in Galizia occupati dagli Svevi. La sua dominazione durò trecento anni dal 409 al 711, lasciarono qualche traccia nel vocabolario ma gli abitanti continuarono a parlare il latino che a poco a poco si evolse nelle lingue romanze.

Gli arabi conquistarono quasi tutto il territorio settentrionale, infatti a secondo della regione, vi rimasero dai tre a quasi otto secoli a Granada, dal 711 al 1492. Nei territori del Nord fu organizzata la *riconquista* e si formarono regni cristiani che avevano le loro lingue, tra cui il castigliano: il gallego-portoghese, leonese, navarro-aragonese e catalano. Fu durante il Medioevo che, lungo le strade di

Santiago de Compostela, alcune voci provenienti dalle lingue del nord penetrarono in Spagna, in particolare il francese. Nel sud si parlava l'arabo e i cristiani che vivevano nei territori arabi parlavano il *mozarabo*, ma questa lingua scomparve con la *riconquista*, anche se lasciò tracce nel vocabolario spagnolo, ma non prevalse durante il Medioevo. La Spagna divenne un centro di cultura, mentre arrivavano studiosi provenienti dai paesi del nord Europa. La scuola dei traduttori di Toledo era molto famosa e man mano che venivano conquistati nuovi territori, le popolazioni del nord vennero ad occuparli e portarono con sé la lingua romanica del nord e il castigliano si diffuse al sud. Il 2 gennaio 1492 fu presa Granada e completata la *reconquista*. Il 31 marzo Isabel de Castilla espelle gli ebrei e offre due opzioni; chi restava doveva convertirsi alla religione cattolica e chi non voleva convertirsi doveva lasciare la Spagna, concedeva un massimo di quattro mesi, quelli che partivano portavano con sé la loro lingua, il castigliano del XV secolo. Nello stesso anno, Cristoforo Colombo scoprì l'America e diffonde la lingua spagnola. Anche la presa di Granada da parte dei Re Cattolici stabilisce la data iniziale della seconda grande fase di conformazione e consolidamento della lingua. In questa tappa scompare l'aspirazione della *lhl*, qualcosa che testimonia la versificazione della */sl* che si fonde in un unico fonema sonoro e sordo, prevalendo il fonema sordo.

Castigliano è un nome che deriva dalla terra dei Castelli che formava la Castiglia, e prima del X secolo non ve ne fu accenno. A quel tempo c'erano quattro principali domini linguistici nella penisola che possono essere determinati dal comportamento della *vocale breve e tonica* o nella sillaba interna della parola, questi sono catalano, galiziano-portoghese, latino e mozarabo. Già nel XII secolo era la lingua dei documenti notarili e persino della Bibbia, che il re aveva fatto tradurre. E grazie al Cammino di Santiago entrano nella lingua i primi *gallicismi*, pochi di numero e che si diffondono attraverso l'azione dei trovatori, la poesia cortese e provenzale. Il castigliano medievale sviluppò una serie di fonemi oggi scomparsi, distingueva tra una *Isl* sonora intervocalica che nelle scritture era rappresentata da s, come a *casa* e una Isl sorda, che poteva essere in posizione iniziale di parola come *silla*, o in posizione interna al gruppo consonantico *ns* (*pensar*) o in posizione intervocalica che era scritto –ss- come nella parola *venisse*. Le consonanti *c* e *z* erano equivalenti ai suoni affricati, inoltre l'equivalente a *Itsl* se era sordo e *Idsl* se era sonoro, come in *placa* e *facer*. La consonante *x* rispondeva a una fricativa sorda palatale, è come l'attuale *Ichl* dal francese o *Isl* finale del portoghese, e c'era anche una voce sonora corrispondente che era scritta da *j* o *g* prima di *Iel* o *Iil*: coger, o hijo. Cera anche una distinzione tra una bilabiale esplosiva sonora *Ibl* che proveniva dall'intervocalica latina *Ipl* o *Ibl* dall'iniziale sonora latina che si conserva oggi, e la fricativa sonora che viene dal latino *Ivl*. Il verbo *haber* aveva ancora il significato possessivo e serviva a formare le perifrasi verbali obbligatorie che avrebbero originato dal XIV secolo i tempi composti. Gli aggettivi possessivi erano preceduti da articoli: si diceva, los *sus ojos alza*. Le consonanti *c* e *z* diventano il fonema fricativo con pronuncia equivalente a *Itsl* che sarà scritto come una c, e durante il XVI secolo avrà valore di *Izl* nel secolo successivo. Le variazioni fonetiche che rappresentavano *x, g, j*, si risolvono anch'esse a favore del suono velare fricativo sordo, che nel XVII secolo venne ad avere l'attuale pronuncia e grafia di *g* e *j*. Scomparve anche la distinzione *bl v*, che fu neutralizzata in *Ibl* durante il sedicesimo secolo. Nella morfologia sono comparsi i tempi composti dei verbi e il verbo avere diventa ausiliare. Nella sintassi, l'ordine degli elementi della frase diventa più rigido e vengono posti prima di essi pronomi atoni, gerundi e l'infinito dei verbi. Il lessico acquista molti neologismi dovuti all'esposizione della Castiglia e al contatto con altre culture.

Lo spagnolo è la terza lingua più parlata al mondo, dopo il cinese e l'inglese. È utilizzato come prima e seconda lingua da 450-500 milioni di persone ed è la seconda lingua più studiata dopo l'inglese. Sebbene altre fonti indichino che supera i 46 milioni distribuiti in 90 paesi, negli Stati Uniti e in Canada, lo spagnolo è la lingua straniera più studiata, è la lingua ufficiale di 21 paesi; è una delle sei lingue ufficiali delle Nazioni Unite (ONU) e d'importanti organizzazioni politico-economiche internazionali come l'Unione delle Nazioni Sudamericane (Unasur).

8- Le lingue che hanno influenzato l'emergere dello spagnolo

Il catalano ha trasmesso allo spagnolo alcune delle sue caratteristiche, come: l'articolazione palatale del fonema *lll* specialmente nella desinenza *-ad*, la pronuncia forte e assordante di *ldl* al finale di parola *verdat*; calchi o interferenze nell'uso dell'articolo col nome proprio *el Juan*, o il frequente fenomeno del *dequeísmo*, come per esempio: *afirmó de que...* Nella comunità valenciana si può distinguere in *lbl* bilabial e in *lvl* labiodentale. L'influenza del galiziano nell'intonazione, nella chiusura di *lel* e *lol* la cui pronuncia è vicina a *lil* e *lul* nell'uso esclusivo del *pretérito perfecto*, esempio: *hoy estuve allí*, oppure nella predilezione per il diminutivo *–iña* e *–iño*. Il *euskera* ha influenzato l'evoluzione dello spagnolo, nella perdita dell'iniziale latina *f*, e nella non distinzione tra *lbl* e *lvl* che condiziona alcuni aspetti del castigliano della zona, come i cambiamenti nell'ordine sintattico, la confusione di genere o l'uso dell'imperfetto per il condizionale, ad esempio: *se tendría el coche te llevaría*. Anche nelle varietà settentrionali che corrispondono alla zona di origine e prima espansione del castigliano, sono le più conservatrici in termini di evoluzione linguistica. La regione comprende il nord della Spagna, approssimativamente da Salamanca, Ávila, Guadalajara, Cuenca e Albacete, essendo quest'ultima città la zona più innovativa per la sua vicinanza alla zona meridionale.

Le caratteristiche principali del discorso meridionale sono: la generalizzazione e l'uso frequente di *leísmo* e *laísmo*. La pronuncia come *lsl* di *lxl taxi* o *tasi*, *experiencia* o *esperiencia*. La distinzione nell'uso del *pretèrito perfecto simple* e del *pretèrito perfecto compuesto*. L'uso frequente nel discorso disattento della seconda persona singolare del *pretèrito perfecto simple* con desinenza *–s vistes* e dell'infinito al posto dell'imperativo, ad esempio *fijaros*. La perdita della *-d* intervocalica nella desinenza *-ado, aprobao*.

L'aspirazione delle –s implosive, specialmente nelle zone di Castilla. La Mancha, per esempio; *eh que* "es que". Il raddoppio delle preposizioni, per esempio: *voy a por el pan*, e una preferenza per i diminutivi *–ico, -ica*. Le varietà meridionali corrispondono alla zona del Sud dove l'evoluzione della lingua fu differente, soprattutto nei tratti fonetici. Sono legati allo spagnolo parlato nelle zone costiere ispano-americane, infatti questa varietà è chiamata *"Andaluz"*. Il *seseo* o *ceceo* a seconda della zona, una delle aree sono Siviglia, Córdoba, Huelva e Granada occidentale: la zona sud ha questo fenomeno del *seseo*, ad eccezione della maggior parte di Almería. L'aspirazione o l'eliminazione della -s sillaba o parola finale ad esempio: la *h niña* "las niñas". La confusione di *lll* e *lrl* implosiva, per esempio: *mi alma* per *mi arma*, o l'omissione, ma i parlanti colti conservano la distinzione. L'allentamento e la perdita dell'intervocalica -d ma nel discorso colloquiale la -d può essere persa prima della -r, per esempio: *pare* per *padre*, come la -n alla fine della sillaba per esempio: *bié* per *bien*, e la preferenza per i diminutivi *–illa, -illo*. Troviamo le varietà meridionali o di transizione, che sono quelle modalità che condividono le caratteristiche del castigliano meridionale e di altre varietà. Il *entremeño* con le sue caratteristiche che si differenziano a seconda delle zone, secondo dei livelli e dei registri utilizzati. Le caratteristiche fonetiche più importanti sono le aspirazioni della –s e del fonema *lxl*, la confusione di *lll* e *lrl* alla fine della sillaba, la perdita di -d intervocalica e il *yeísmo*. Viene rispettata anche la preferenza per il diminutivo *–ino/-ina*, e l'uso etimologico dei pronomi non accentati *le, lo* e *la*. Spicca la presenza di *leonesismi e arcaismi*. Per la sua posizione geografica e la sua storia, Murciano ha ricevuto diverse influenze e troviamo nella fonetica l'aspirazione di *lsl* e *lxl* e la confusione di *lrl* e *lll* in posizione implosiva e in alcune zone costiere è presente il *seseo*. L'uso dei diminutivi

-ico/-ica, -iquio/-iquia, e nel vocabolario ci sono molti *arcaismi* e *aragonesismi*. La lingua nelle Isole Canarie presenta caratteristiche

comuni con i discorsi meridionali. Le principali caratteristiche fonetiche sono il *seseo*, l'aspirazione della */s/* e della */x/* in alcune aree, anche l'estensione del *yeísmo*. Il pronome "*ustedes*" sostituisce "*vosotros*" ed è conservato nell'uso etimologico di *le* e *lo*. Nel lessico troviamo, *andalusismi*, *portuguesismi*, *americanismi*, ecc.

Nel castigliano attuale, a livello fonico troviamo la tendenza alla sineresi e al rilassamento nel discorso colloquiale, per esempio: *hasta logo, ma dicho*. L'estensione dell'indebolimento o perdita della *-d* intervocalica è presente, non solo nei participi in *-ado*, ma anche negli aggettivi e sostantivi: *cansao, estao, abogao*. L'espansione di *yeísmo*, l'accento espressivo ed enfatico nelle sillabe tradizionalmente non accentate, specialmente nel discorso dei politici e dei media. In quest'ultimo è anche frequente che l'intonazione enunciativa, che normalmente cade dall'ultimo accento, elevi il tono dell'ultima sillaba tonica in una desinenza circonflessa. A livelli morfosintattici troviamo: la variazione di genere dei sostantivi che designano professioni svolte da donne, ad esempio: *jefa, abogada*; avverbializzazione degli aggettivi: *trabajo duro, hablar claro*; aumento della aggettivazione dei sostantivi nella formazione di composti per opposizione: *contrato basura, hora punta, parola clave*. L'estensione al *tuteo* al di fuori del limite imposto dalla familiarità o dall'età. Preferenza per l'uso della perifrasi *ir + infinito* al posto del futuro e del presente dell'indicativo, invece del congiuntivo nei condizionali, ad esempio: *si lo sè, non vengo*. Regressione degli usi del relativo *quien, cual* e *cuyo* nella lingua orale, inoltre *queísmi* e cancellazione della preposizione.

Studi storici e linguistici hanno dimostrato che *los gitanos* rappresentavano un'antica comunità etnica che abitava le regioni dell'India occidentale e si era stabilita in quest'area prima dell'arrivo delle tribù indo-europee. Dopo la partenza dei gitani dalla loro regione *etnostorica*, avanzando verso il Vicino Oriente attraverso la Mesopotamia e continuando il loro pellegrinaggio in Asia Minore e

Mesopotamia e continuando il loro pellegrinaggio in Asia Minore e nei Balcani tra il XII e il XIV secolo. Penetrarono in Europa e la terra spagnola fu adattata agli interessi dei gitani. La lingua di *los gitanos* spagnoli è conosciuta come *caló, zincaló o romanó*, e utilizza lo stesso alfabeto, la stessa ortografia e altre strutture grammaticali del castigliano. Presenta un ricco vocabolario di origine *indostana*, che in Spagna si è arricchito di numerose parole del castigliano. Nella lingua *gitana* di Spagna troveremo parole come: *pusca (pistola, rifle), garlo (cuello)* e *kralis (re)*, provenienti da altre lingue con le quali *los gitanos* entrarono in contatto come quella degli schiavi. La Spagna meridionale, e principalmente le terre andaluse, era la zona dove si stabilirono e si radicarono maggiormente *los gitanos*, e da lì l'Andalusia occidentale si organizzava per tutte le compagnie per conquistare le Isole Canarie e gran parte delle Americhe, e con questo fenomeno che sicuramente si diffondono in tutto il Nuovo Mondo *los gitanos*.

9- Differenze tra lo spagnolo di Cuba e la Spagna

In Spagna ci sono due suoni *[s]* e *[θ]*, corrispondenti alle grafie *s* e *z* che a Cuba e nel resto dell'America Latina si neutralizzano in *[s]*, questo fenomeno si chiama *seseo* ed è registrato in Andalusia e nelle Isole Canarie. I diminutivi che terminano in *-illo, -ete* e *-ín*, sono tipici della Spagna e quelli che terminano in *-ico*, sono usati nelle regioni dell'Andalusia, Murcia, Valencia, Navarra e Aragona in Spagna, e a Cuba questo diminutivo è usato in parole che finiscono in *-te, -ta, -to*. In Spagna il sistema pronominale per la seconda persona plurale è differenziato tra *vosotros (confianza)* e *ustedes (respeto)* e le loro forme verbali e pronominali, a Cuba si usano solo *ustedes*, senza alcuna differenza tra fiducia e rispetto al plurale. Succede anche in Andalusia nella parte occidentale, nelle Canarie il *vosotros* è andato perduto e si usano solo *ustedes*. In Spagna, come a Cuba, il pronome *lo* (oggetto diretto) è talvolta pluralizzato quando è accompagnato da *se* (oggetto plurale indiretto), ad esempio: *se los dije (una cosa a ellos)*. A Cuba troviamo la forma substandard *habemos*, ma non è sconosciuta in Spagna. Sempre a Cuba troviamo anche tla, tle, che si pronuncia come si scrive *a-tle-ta*, in Spagna la *t* si pronuncia separatamente *at-le-ta*. Si ha diverso valore del tempo di attesa del preterito semplice e composto, a Cuba si dice: *hoy me levanto a las 6* e nella maggior parte della Spagna: *hoy me he levantado a las 6*. Troviamo l'uso di termini obsoleti come *pararse* a Cuba che in Spagna è considerato un arcaismo e si dice *ponerse in pie*. A Cuba troviamo molte parole che originariamente erano *marinerismi* come *virar* invece di *doblar*, uso di *amerindismi*, principalmente dal lessico *taino* e lingue africane. Differenze nell'uso del genere grammaticale per designare oggetti o cose inanimate come, per esempio, *la internet* a Cuba, *el internet* in Spagna.

10- Il vocabolario utilizzato a Cuba

Con il processo di transculturazione che ha avuto luogo a Cuba, è sorto un lessico molto vario in cui troviamo prestiti da varie lingue, tra cui la lingua degli aborigeni, *l'aruaco insular*, molti dei quali sono conservati oggi: *hamaca, guayo, mamey, canoa;* altri termini che si riferiscono alla fauna come: *caimán, jejèn, tocororo, totí, bijirita* e altri che si riferiscono alla flora come: *anón, maní, boniato, guanabana, bohío* che indicava la stanza che era costruita con yagua, guano e dalle palme reale, *catauro* che era una scatola fatta di yagua per fare la manioca che includeva il *burén de barro* per cuocere la massa di yucca, il *jibe o cedazo* e veniva intessuta con guano e le *jícaras o jigüeras* ottenute dal frutto della *güira* il cui materiale era adottato anche per fare piatti e cucchiai e persino *cocuyeras* che attraverso numerosi forellini praticati nella zucca illuminavano appena le notti del *bohío*, in assenza di un'altra luce.

Troviamo anche parole di origine *subsahariana* o *subsahariani* come: *babalao, bembón, bemba, conga, guarapo, taro, yam, tanga, tanguita, zunzún.* E altre parole come *asere, ambia, cumbila, monina, consotte, ecobio, nagüe o negüe* che equivalgono al termine amico. Troviamo arabismi come: *dogana, algodón, arroz, almohada, alcalde,* e con il contatto tra gli indo antillani e gli europei, gli arabismi cedettero gradualmente e diedero origine agli indo americanismi, come: *aguacate, ají, anón, aura, cacao, cacique canoa, choocolate, cigarro, guanajo, huracán, maís, tomate,* ecc. Anche anglicismi e prestiti dall'inglese penetrarono e molti si adattarono alla fonetica e all'ortografia dello spagnolo, termini come *beisbol, ring, fútbol, zipper, bloomer, bloomer, sueter, overol, pullover, spray, tennis, shoppin (tienda), team (equipo), coach (entrenador)* ecc.

Nel linguaggio colloquiale popolare e più nel linguaggio volgare, ci sono numerose parole gitanas come: *acharés (celos)*, *andoba (fulano)*, *chori (ladrón)*, *chamullo (conversación)*, *chiva (soplón, delator)*, *chola (cabeza)*, *chota (soplón)*, *chunga (broma)*, *curda (embriaguez,borrachera)*, *espichar (morir)*, *furnia (cueva)*, *garito (casa de juego)*, *jamar (comer)*, *jarana (broma)*, *jeta (cara)*, *puro, pura (padre o madre)*, *sornar (dormir)*, *jiña (escremento)*. Troviamo anche amerindismi come *guagua (dal quechua)* e *zunzún* di origine messicana.

Le parole che si chiamano cubanismi sono quelle parole usate nelle Americhe, in alcuni suoi paesi, come nell'area delle Antille, si trovano anche a Cuba e quelle specificamente cubane, quasi tutte, si trovano nel (DRAE) Dizionario de la Real Academia española. Le parole chiamate cubanismi sono:

Atrasado: meticcio in cui i tratti della razza nera predominano fenotipicamente. Detto di un mulatto che ha più tratti di nero che di bianco, è usato anche *atrasar*, questo significato non è registrato nel DRAE.

Tarro: è un cubanismo con il significato di infedeltà.

Chinchín: pioggia persistente e martellante.

Frutabomba: papaia.

Marinovio: è una persona che instaura un rapporto amoroso e sessuale senza sposarsi.

Jaba: borsa di qualsiasi materiale, cesto di canna o yagua, e macchia con cui nascono alcuni bambini.

Mamoncillo: è un albero della famiglia Sapindáceas e il frutto di quell'albero è piccolo, rotondo, con guscio duro e polpa appiccicosa ed è commestibile.

Sayuela: è un indumento intimo femminile che si indossa sotto la gonna.

Yale: significa serratura, è il meccanismo per chiudere porte, cassetti, ecc.

Buscanovio: è un anello per capelli sopra la fronte.

Agromercado: luogo dove si vendono dei prodotti agricoli.

Cielorraso: copertura della parte interna dei soffitti.

Servicentro: distributore di benzina.

Servimóvil: servizio di assistenza per veicoli danneggiati.

Instacafé: caffè solubile.

Maxifalda: gonna lunga.

Motoescúter: tipo di motocicletta adatta alle donne.

Multimueble: mobile con diversi ripiani e cassetti con varie funzioni e generalmente collocato nella stanza.

Multioficio: pluralità di lavori svolti dalla stessa persona e anche come attributo in relazione a una persona.

Entrejunto: semiaperto, con una piccola fessura.

Picaculo: denominazione di un certo tipo di insetto.

Poliespuma: sostanza isolante e protettiva in cui sono imballate le apparecchiature elettriche.

Fanno parte del lessico molte voci colte come:

Acuosidad, benefactor, deceso, enojarse, expandir, llamado, postergar, colilla, rasurarse, ecc.

Voci colloquiali:

 aborrición, amargoso, apañar, averiguar, gago, gente, guapo, hatajo, rancho, tarugo, verija, tupido, trastear, ecc.

Voci popolari: *chupón, desenrizar, emprestar, enrizar, lamber, lambiar, lambusear.*

Parole come hayaca, sobaco, si sentono nella zona orientale di Cuba mentre nella zona

occidente si dice in un altro modo: *hayaca* nella zona orientale è il *tamal,* nell'ovest del paese *sobaco* è chiamata *axila.*

Le espressioni "*voy a ver si risuelvo..., tengo que resolver... eso lo resolvì...*" continueranno a essere caricate di quella sfumatura di risolvere un problema o una necessità utilizzando i modi che si presentano. *Le dieron la base pobbola (por bola)* gli davano base pobbola (per palla), quando qualcuno viene portato fuori da qualche luogo o situazione; lo *(la, me, te,* ecc.) *cogieron fuera* e *base (de base)* lo hanno colto fuori base (base), o *lo (la, me, te,* ecc.) *cogieron entre primerisegunda (primera e segunda)* lo hanno sorpreso tra la prima e la seconda, lo hanno sorpreso a fare qualcosa di sbagliato o ha avuto la sfortuna che lo hanno sorpreso; *lo (la, me, te,* ecc.) *sacaron ao (out)* hanno tirato fuori o (fuori), lo hanno lasciato fuori da qualcosa, il partner lo ha abbandonato, ecc.

Troviamo altri *cubanismi* che fanno parte del gergo e lessico cubano

Glossario di *cubanismi*

Achantado: accomodato, pigro.

Asiscado: spaventato.

Aeromoza: hostess di volo.

Agarrado: avaro, avido.

Ajì: peperoncino.

Ajustador: reggiseno.

Almendrón: vecchia macchina che corre per le strade dell'Avana.

Ardilla: persona irrequieta.

Arrebatado: pazzo, folle.

Atrás del palo: disinformato.

Bateo: discussione.

Berreao: arrabbiato, sconvolto.

Bicho: astuto.

Borsa negra: mercato nero.

Bomba: antipatico.

Bonche: burla.

Brete: gossip, casino.

Baboso: noioso.

Ballena: grassa.

Barco: informale, inadempiente.

Cachimbo: pistola.

Cabo: aperitivo.

Camajan: uomo dalla strada, furbo.

Camello: vecchio camion trasformato in autobus.

Camao: esperto.

Cancha: brava persona.

Caramelo: amichevole, di buon carattere.

Cartuchuo: sacchetto di carta utilizzato nei mercati.

Chance: una possibilità è un'opportunità.

Chevere: brava persona.

Chicharrón: adulazione.

Chivo: informatore.

Chotear: ridicolizzare qualcuno.

Cigarros suaves: sigarette bionde.

Comelona: persona che mangia molto.

Cuadrado: persona estremista.

Cucaracha: codardo.

Culillo: impazienza.

Cumbancia: festa.

Cuentos: barzellette.

Curiela: donna che partorisce.

Cutara: infradito, è una parola usata soprattutto nelle province orientali.

Duro: avaro.

Descargar: incontro con gli amici con musica e canti.

Desgreñada: trascurato, arruffato, senza fissaggio.

Despelote: festeggiare, rilassarsi.

Embelequero: gossip.

Encuero: nudo.

Encobao: ben vestito.

Empachao: estremista.

Está en la tea: non ha possibilità economiche.

Fachar: rubare.

Feto: brutto.

Fiera: esperto.

Fosforera: accendino.

Frigidaire: frigorifero.

Fuetazo: darle un golpe.

Gallina: codardo.

Grajo: cattivo odore sotto le ascelle.

Guagua: autobus.

Guanajo: sciocco.

Guataca: adulatore.

Hiena: cinico.

Higado: antipatico.

Indio: sole.

Jevoso: donnaiolo.

Jinetera: prostituta.

Jalao: ubriachezza.

Joder: infastidire, prendere in giro qualcuno.

Juma: ubriachezza.

Kilo: moneta equivalente a un centesimo.

Láguer: birra.

Lavia: chi domina bene l'espressione orale.

Maceta: uomo di soldi che ha un'attività personale.

Majasear: dissimulare al lavoro.

Manejar: guidare una macchina.

Mate: bacio lungo.

Matusalén: vecchio, in disuso.

Monja: cinque pesos.

Ninfa: ragazza.

Ñame: tubercolo che si mangia bollito.

Orientales: provenienti dalle province orientali.

Palestina: gente delle province orientali.

Pega: lavoro.

Picar: chiedere.

Pipo: papà.

Relajo: disordine.

Salación: disgrazia, sfortuna.

Saya: gonna.

Se destoletó: si è accidentato.

Tareco: qualsiasi oggetto in cattive condizioni.

Traya: individuo con un cattivo comportamento.

Trozao: avere fame.

Tronco di jeva: ragazza con un bel corpo.

Vejigo: bambino.

Venao: prostituta.

Verraco: essere ignorante, essere un idiota.

Walfarina: è un rum molto forte con un cattivo odore e sapore che viene distillato in alambicchi privati.

La lingua parlata a Cuba è piena di *cubanismi* che sono parole formate lì e fanno parte dell'uso comune di tutti i cubani. Ci sono molte parole che si riferiscono alla vita di tutti i giorni, soprattutto sono espressioni colloquiali e la maggior parte sono anche volgarismi che possono descrivere una donna, o un uomo nell'aspetto fisico, anche la situazione economica o sessuale della persona. Dunque, la lingua spagnola, come lingua e come varietà di lingua, non è una delle più facili, come accade per altre lingue romanze parlate nel Mondo. La lingua parlata a Cuba ha un'ampia diversità lessicale e la varietà di tutti i tipi di connotazione rendono la lingua più ricca ma soprattutto più difficile per coloro che cercano d'impararla.

Conclusione

Nella storia dello spagnolo di Cuba, l'importanza dei dialetti ispanici meridionali, in particolare delle Canarie, è senza dubbio di grande rilevanza. Le coincidenze tra dialetti cubani e canari sono evidenti per il grande contributo demografico delle Isole Canarie e per la somiglianza del processo di koineizzazione in entrambi i territori, in cui l'iniziale presenza demografica dell'Andalusia occidentale ha svolto un ruolo centrale. Inoltre, la funzione della koinè come lingua franca ha un ruolo centrale.

Nella formazione della variante nazionale cubana partecipano alla sua evoluzione tre componenti fondamentali: **l'europea, l'Indoamericana e l'africana** con la possibile influenza delle lingue subsahariane. Tra le caratteristiche più importanti dello spagnolo parlato a Cuba, troviamo il *seseo*, il *yeísmo*, le assimilazioni, le aspirazioni, le elisioni, ecc. Nell'area occidentale sono presenti assimilazioni regressive per contatto di liquide postnucleari, attenuate nell'area centrale e quasi impercettibili nell'area centro-orientale ed estremo-orientale, sostituite da forte *lamdacismo* nell'area sudorientale. L'aspirazione di /rl/ prima di /n/ e /l/ si percepisce in tutte le aree tranne il sud-est e l'estremo oriente, dove, al contrario, le percentuali di omissioni di /s/ sono le più alte. Nella parte orientale di Cuba c'è una particolare intonazione chiamata canzone, che è caratteristica degli abitanti di quella zona.

A causa del suo isolamento dal punto di vista linguistico, rispetto al resto dei paesi ispanofoni, lo spagnolo cubano subisce un processo di volgarizzazione, come conseguenza dell'intensificarsi del trasferimento di elementi del discorso popolare o marginale a quello degli strati inferiori scolarizzati. Allo stesso tempo, elementi del discorso colto e specializzato passano nel discorso comune. Tutto ciò, sommato alle migrazioni interne e all'accentramento delle istituzioni e dei mass media, provoca una tendenza all'omogeneizzazione e all'affievolimento della variazione regionale e sociale della lingua.

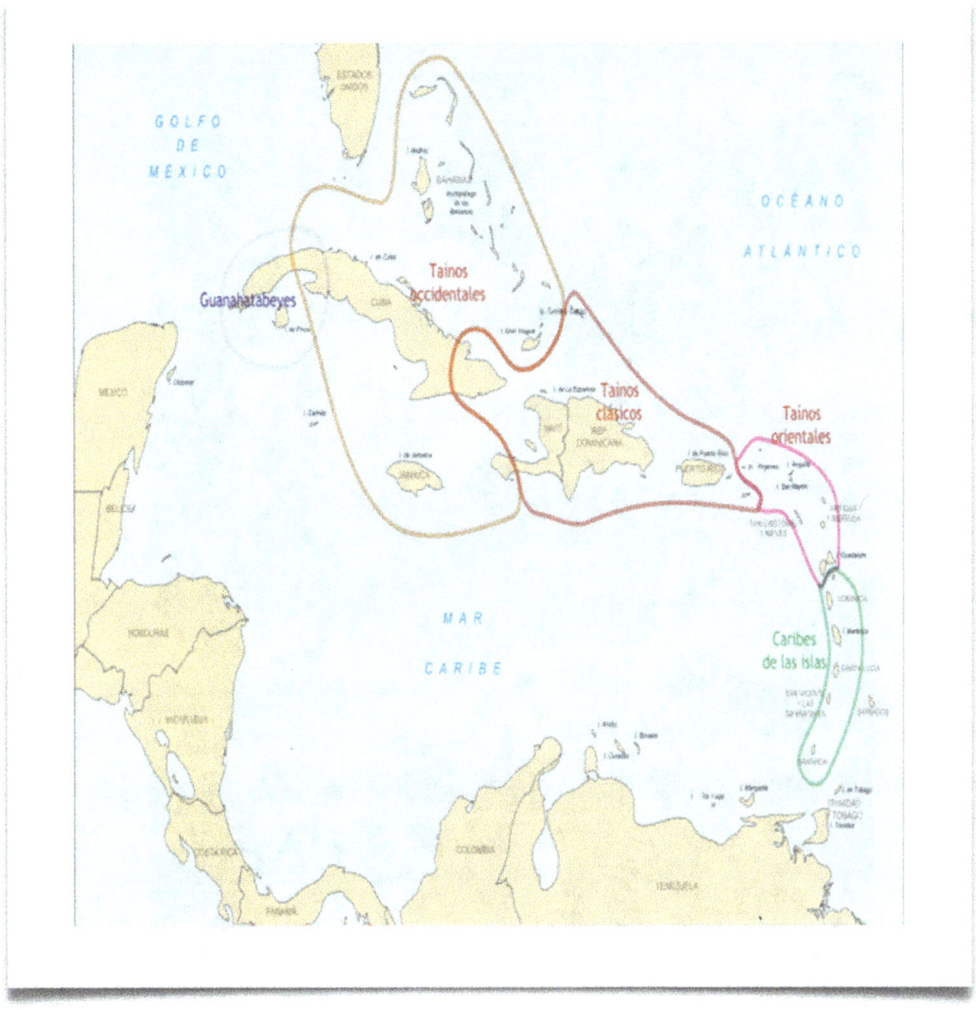

Fig. 1. I Siboneyes, Ciboneyes, Taíno-Ciboneys o Western Taíno, abitavano la maggior parte di Cuba, tranne gli estremi orientali e occidentali, le Bahamas come una piccola porzione nel Massif de la Hotte, nella penisola di Tiburón a sudest di Haiti.

Fig. 2. Ricostruzione di un villaggio *Taíno* a Cuba.

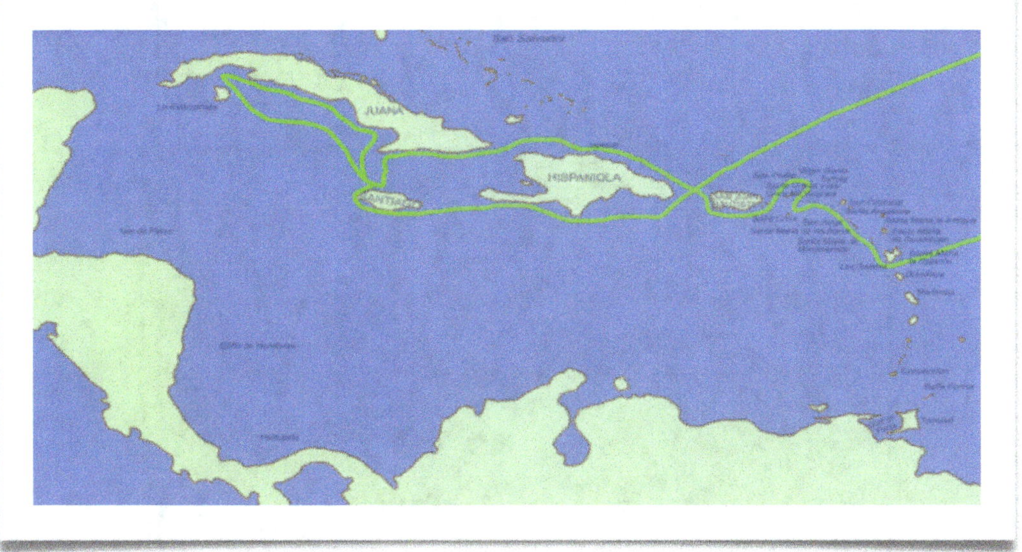

Fig. 3. La rotta di Cristoforo Colombo durante il secondo viaggio in America.

Fig. 4. Mappa delle Indie Occidentali, del Messico e dell'America Centrale, la cosiddetta "Nuova Spagna" con Cuba al centro, disegnata da Herman Moll nel 1736.

Fig. 5. Mappa dell'America.

Fig. 6 Mappa di Cuba divisa in provincie.

1. Pinar del Río
2. Artemisa
3. Ciudad de la Habana
4. La Habana
5. Matanzas
6. Cienfuegos
7. Villa Clara
8. Sancti Spíritus
9. Ciego de Ávila
10. Camagüey
11. Las Tunas
12. Granma
13. Holguín
14. Santiago de Cuba
15. Guantánamo
16. Isla de la Juventud

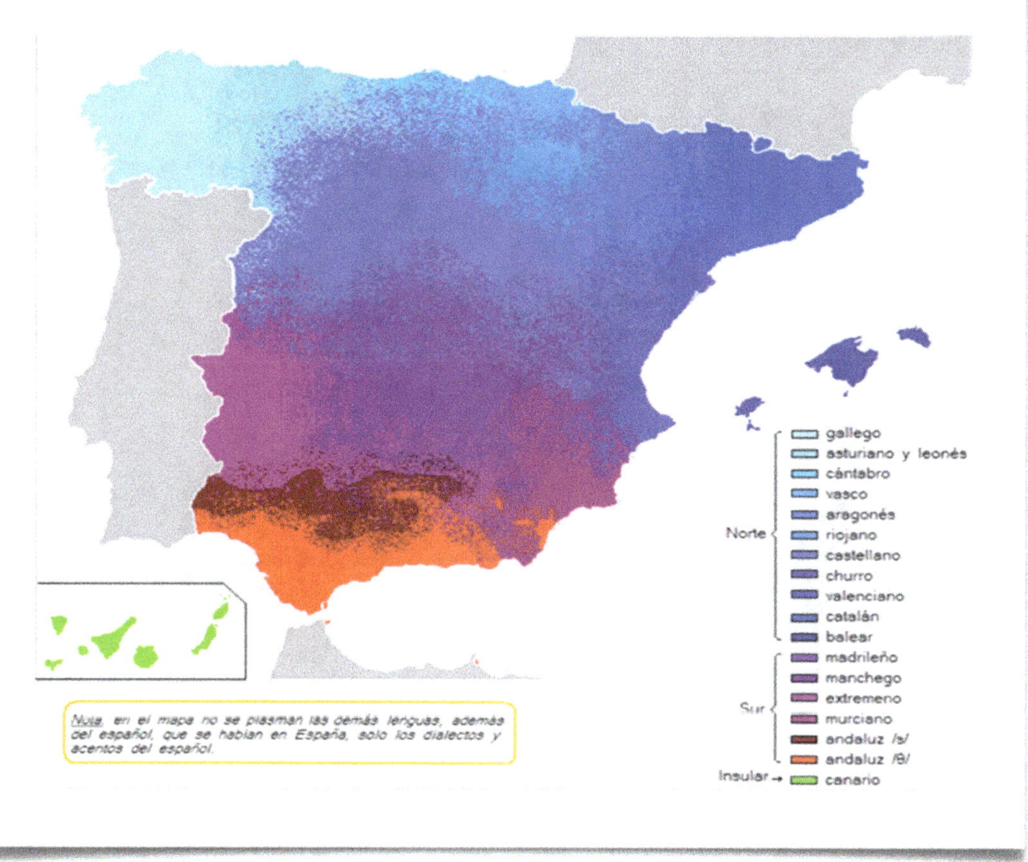

Fig. 7. Dialetti parlati in Spagna.

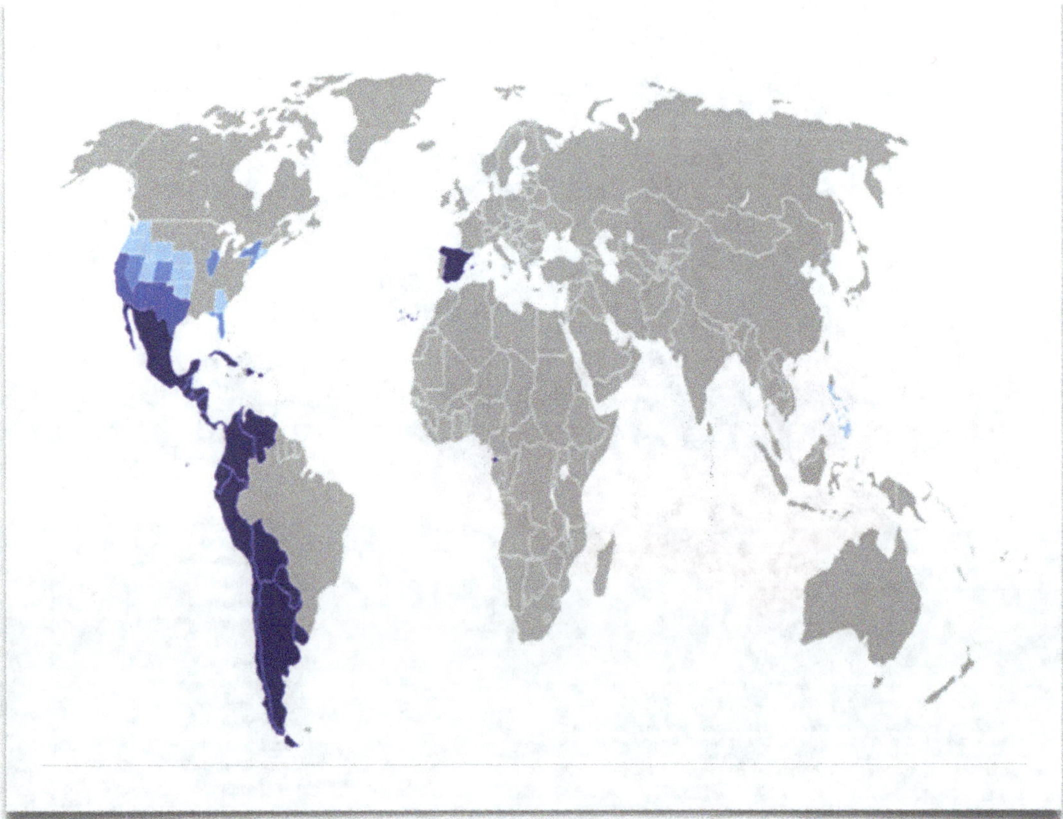

Fig.8. Estensione mondiale dello spagnolo o del castigliano.

Fig. 9. Bohío cubano.

Bibliografía

73

Luis Roberto Choy López, *Periodización y orígenes en la historia del español de Cuba*, Artes Gráficas Soler, S. L., de la ciudad de Valencia, 1999.

Marlen A. Domínguez Hernández (ed.), *La lengua en Cuba. Estudios*, Universidad de Santiago de Compostela, 2007.

Milagros Aleza, Julia Sanmartín, eds., *Estudios de Lexicografía y léxico cubanos*, Artes Gráficas Soler, S. L., de la ciudad de Valencia, 2004.

G.E. Pérez Apilor.

Wikipedia: La Enciclopedía libre.

H. Muñoz, *Lengua y Literatura 3*, Bs. Oxford, 1990.

G. H. Perez de Lois.

Salvador Bueno, *Historia de la literatura cubana*, Editora del Ministerio de Educación, 1963, pp.1-10.

Aurelio Mitjans - EcuRed .(Ultima consultazione 19 ottobre 2022).

Rafael Montoro - Wikipedia, la enciclopedia libre .(Ultima consultazione 19 ottobre 2022).

Traduzione dallo spagnolo fatta dalla scrivente.

Gutiérrez, Juan María nell'Enciclopedia Treccani .(Ultima consultazione 19 ottobre 2022).

Domingo Del Monte - EcuRed (Ultima consultazione 10 novembre 2022).

Traduzione dallo spagnolo fatta dalla scrivente.

Raimundo Lazo — Wikipédia (Ultima consultazione 10 novembre 2022).

Salvador Bueno, *Historia de la literatura cubana*, Editora del Ministerio de Educación, 1963, pp.21-32.

José María Heredia - Wikipedia (Ultima consultazione 29 novembre 2022).

Gertrudis Gómez de Avellaneda - Wikipedia (Ultima consultazione 29 novembre 2022).

Cirilo Villaverde - Wikipedia (Ultima consultazione 29 novembre 2022).

José Antonio Saco - Wikipedia (Ultima consultazione 29 novembre 2022).

José de la Luz y Caballero - Wikipedia, la enciclopedia libre (Ultima consultazione 29 novembre 2022).

Juan Clemente Zenea - Wikipedia (Ultima consultazione 29 maggio '19).

Rafael María de Mendive - Wikipedia, la enciclopedia libre (Ultima consultazione 29 novembre 2022).

Luisa Pérez de Zambrana - Wikipedia, la enciclopedia libre (Ultima consultazione 29 novembre 2022).

Historia natural y moral de las Indias - Wikipedia, la enciclopedia libre (Ultima consultazione 30 novembre 2022).

Primera parte de los Comentarios reales, Inca Garcilaso de la Vega (Ultima consultazione 30 novembre 2022).

Traduzione dallo spagnolo fatta dalla scrivente.

Salvador Bueno, *Historia de la literatura cubana*, Editora del Ministerio de Educación, 1963, pp.24-32.

Biografia de Julián del Casal (Ultima consultazione 30 novembre 2022).

José Martí - Wikipedia (Ultima consultazione 30 novembre 2022).

El Gran Saber Larousse, Enciclopedia Metódica Larousse, Tomo 10, Lord Cachnane S.A. Santiago de Chile, 1992.

Fernando Ortiz: *"La holganazería de los índios"* (apéndice), en M.R Harrintogton: Cuba antes de Colón y Fernando Ortiz: *Historia de la arqueología indocubana*, tomo II. La Habana, Cultural S. A., 1935, pág.441.

Ernesto E. Tabío y Estrella Rey: *Prehistoria de Cuba*. Ciudad de La Habana, Editorial de Ciencias Sociales, 1979, pág. 19.

G. de Granda: Formación y evolución del español de América. Época colonial, en Español de América, español de África y hablas criollas hispánicas. Cambio, contactos y contextos. Madrid. Editorial Gredos, 1994, pág. 90.

Germán de Granda: Algunos rasgos morfosintácticos de posible origen criollo en el habla de áreas hispanoamericanas de población negra, en Anuario de letras, vol. XIX, 1976, México, Centro lingüística Hispánica, pág. 6.

Sergio Valdés Bernal (1978): *"Inquietudines lingüísticas cubanas sobre el español hablado en Cuba. Siglo XVIII,* Anuario L/L, La Habana, n°9, pp.121-142. Las bases lingüísticas del español de Cuba.

Restiamo in contatto

Ultimare la lettura di un libro, insieme al piacere per averlo letto, rappresenta anche un piccolo dispiacere per averlo terminato ma un'immensa gioia per chi lo pubblica.

Si crea un misterioso rapporto di sintonia tra chi lo scrive, chi lo legge e chi lo pubblica.

Sarebbe interessante poter condividere queste emozioni.

Per questo motivo, se siamo stati bene in questo viaggio letterario, vorremmo invitarti a restare in contatto con noi, iscrivendoti alla community di Facebook "Per chi ama leggere e confrontarsi con gli autori!" (https://bit.ly/3zNFhr3) nella quale potrai farci conoscere i tuoi commenti, gli apprezzamenti e anche le tue critiche, che ci saranno sempre utili, dialogando anche con l'autore dell'opera.

Potrai così condividere con noi quello che la lettura ti ha ispirato e, se ti farà piacere, potremo anche aggiornarti sui nostri prossimi progetti.

Sarà un modo per poter crescere insieme.

Quattro passi nel Giardino della Cultura

Il giardino della cultura
www.ilgiardinodellacultura.com